Tarô Cigano

Tarô Cigano

Karol Souza

© 2020, Editora Anúbis

Editores responsáveis:
Marcelo Aquaroli
Milena Lago

Revisão:
Equipe Técnica Anúbis

Projeto gráfico:
Edinei Gonçalves

Dados Internacionais de Catalogação na Publicação (CIP)
Agência Brasileira do ISBN - Bibliotecária Priscila Pena Machado CRB-7/6971

B238	Souza, Karol.
	  Tarô cigano / Karol Souza. —— São Paulo :
	Anubis, 2019.
	  128 p. ; 21 cm.
	
	  ISBN 978-85-67855-66-0
	
	  1. Tarô. 2. Cartomancia. 3. Leitura das
	cartas (Sorte). I. Título.
	
	                                        CDD 299.672

São Paulo/SP – República Federativa do Brasil
Printed in Brazil – Impresso no Brasil

Este livro segue as novas regras do Acordo Ortográfico da Língua Portuguesa.

Os direitos de reprodução desta obra pertencem à Editora Anúbis. Portanto, não é permitida a reprodução total ou parcial desta obra, de qualquer forma ou por qualquer meio eletrônico, mecânico, inclusive por meio de processos xerográficos, incluindo ainda o uso da internet, sem a permissão expressa por escrito da Editora (Lei nº 9.610, de 19.2.98).

Distribuição exclusiva
Aquaroli Books
Rua Curupá, 801 – Vila Formosa – São Paulo/SP
CEP 03355-010 – Tel.: (11) 2673-3599

Dedicatória

Dedico este trabalho ao Plano Espiritual, em especial a Cigana Sete Facadas, chamada em seus trabalhos em terra de Elisa. Que suas lâminas sempre nos abençoem!

Gratidão a minha família espiritual e carnal, Mãe Iansã, Pai Ogum e à Guardiã Pombogira Maria Padilha das Sete Catacumbas, que com paciência e sabedoria me auxiliam na caminhada terrena; aos meus pais carnais (que carinhosamente chamo de 'mamis e baba') Magali Souza e Miro Souza, geradores amorosos da minha vida e que me incentivaram desde os 12 anos para que escrevesse e aos meus filhos Gabriella, Lucas e Valentina, meus tesouros, que juntos, formam meu coração dentro e fora do corpo.

Amo vocês!

Bem-vindos!

O Tarô Cigano é um instrumento poderoso de interpretação do oculto, por isso deve ser manipulado com preceito e responsabilidade, interpretado através da mediunidade, e respeitando a disposição das cartas bem como a individualidade da consulta, sempre com o objetivo de ensinar ao consulente mais sobre si, através da correta interpretação das lâminas. Deste modo, é fácil de compreender que esta ferramenta espiritual é utilizada única e magnificamente para o autoconhecimento e interpretação de situações cotidianas, como todos os tarôs.

Que nossa caminhada seja de compreensão e aprendizagem mútua.

Axé!

Sumário

Surgimento do Tarô	13
Cultura do Povo Cigano	17
O Idioma	17
Os Ensinamentos	18
Profissões	18
O Cris-Romani	19
Tribos ou Clãs	20
A Família	20
Os Sábios	22
As Perseguições	22
O Povo Cigano na Umbanda	25
Santa Sara: A Protetora dos Ciganos	27
O Tarô Cigano	29
Os Naipes	31
Copas	32
Paus	32
Ouro	33
Espada	34
Significado das Cartas	35
Figuras Representativas	35
01. O Cavaleiro [9 de Copas]	36

02. Os Trevos [6 de Ouro] 37
03. O Navio [10 de Espada] 38
04. A Casa [Rei de Copas] 39
05. A Árvore [7 de Copas]. 40
06. As Nuvens [Rei de Paus] 41
07. A Serpente [Dama de Paus] 42
08. O Caixão [9 de Ouro] 43
09. O Buquê [Dama de Espadas] 44
10. A Foice [Valete de Ouro]. 45
11. O Chicote [Valete de Paus] 46
12. Os Pássaros [7 de Ouro] 47
13. A Criança [Valete de Espadas] 48
14. A Raposa [9 de Paus]. 49
15. O Urso [10 de Paus] 50
16. As Estrelas [6 de Copas] 51
17. A Cegonha [Dama de Copas]. 52
18. O Cão [10 de Copas] 53
19. A Torre [6 de Espadas]. 54
20. O Jardim [8 de Espadas] 55
21. A Montanha [8 de Paus] 56
22. O Caminho [Dama de Ouro] 57
23. O Rato [7 de Paus] 58
24. O Coração [Valete de Copas] 59
25. A Aliança [Ás de Paus]. 60
26. O Livro [10 de Ouro]. 61
27. A Carta [7 de Espadas]. 62
28. O Cigano (O Homem) [Ás de Copas] 63
29. A Cigana (A Mulher) [Ás de Espadas] 64
30. Os Lírios [Rei de Espadas]. 65

    31. O Sol [Ás de Ouro]. 66
    32. A Lua [8 de Copas]. 67
    33. A Chave [8 de Ouro] 68
    34. Os Peixes [Rei de Ouro] 69
    35. A Âncora [9 de Espadas]. 70
    36. A Cruz [6 de Paus] 71
Consagração do Tarô 73
Oração de Consagração Cigana 75
Imantação de Objetos. 77
    Preparação: Preceitos para a Consulta 77
    Elementos para a Consulta. 78
    As Disposições 79
    Mandala 80
Interpretações e o Simbolismo das Cartas 85
Chacras e o Tarô. 87
Corte do Consultor 89
Corte do Consulente 91
Ética do Consultor. 93
Orixás e Guias 95
    Oxalá. 95
    Iansã (Oyá) 96
    Ogum 96
    Iemanjá. 97
    Oxóssi 97
    Oxum 98
    Xangô 98
    Obaluaê / Omulú 99
    Oxumaré. 99
    Nanã 100

Erês.................................. 100
  Exus/Ciganos 101
  Pombogiras/Ciganas 101
Pedras, Ervas e Banhos 103
  As Pedras 103
  Ervas................................ 106
  Banhos............................... 107
Orações.................................. 111
  Oração da Energização................ 111
  Oração da Cura...................... 112
  Oração da Prosperidade 113
Considerações Finais 115
Bibliografia............................. 117
  Sítios da Internet 118

Surgimento do Tarô

A origem do Tarô nos nossos dias é desconhecida, mas há quem diga que os antigos Egípcios já o utilizavam. O mais antigo baralho de Tarô conhecido é o Tarô de Visconti-Sforza que data de 1450. Outro é o Tarô de Mantegna, de 1460.

Os baralhos de Tarô podem ser divididos em 4 categorias, consoante a data em que foram pintados. Assim os Tarôs pintados entre 1400 e 1900 são chamados de Tarôs Clássicos. A partir do início do século XX passam a chamar-se Tarôs Modernos. Entretanto por volta de 1975 começam a aparecer Tarôs baseados tanto nos Modernos, como nos Clássicos, que passam a se designar de Tarôs Surrealistas. Contudo, também apareceram, na década de 70, os Tarôs Transculturais que se baseavam em Fábulas e na Mitologia.

Estes são alguns exemplos de Tarôs:

- **Tarôs Clássicos:** Tarô de Visconti-Sforza, Tarô de Mantegna, Tarô de Marselha.
- **Tarôs Modernos:** Tarô dos Boêmios, Tarô de Crowley, Tarô de Rider, Aquarian Tarot, Cosmic Tarot, New Age Tarot.

- **Tarôs Surrealistas:** Tantric Tarot, Tarô Universal de Dali, Tarot Mystique, Mystic Sea Tarot, Osho Zen Tarot.
- **Tarôs Transculturais:** Kier Egípcio Tarô, Astec Tarot, Tarô Mitológico, Viking Tarot.

Embora o Tarô de Marselha tenha sido redesenhado em 1925, por Paul Marteau, segue os traços dos Tarôs antigos, podendo assim ser considerado Tarô Clássico. Outros Tarôs que seguem os traços do de Marselha também são considerados Tarôs Clássicos, como é o caso dos seguintes: Spanish Tarot, Classic Tarot, Fournier Tarot, Angel Tarot, Old English Tarot, entre outros.

Existem dois ramos relacionados com o Tarô:

- A *Tarologia*, que estuda os símbolos, a estrutura, a filosofia e a história do Tarô;
- A *Taromancia*, que estuda os arcanos, os métodos, as orientações e os jogos do Tarô.

Enfim, o Tarô é a chave mais importante para o autoconhecimento e para a evolução interior. Mas lembre-se que ele é um conselheiro, e não um método só de previsão.

O Tarô é conhecido por seu papel divinatório, mas tem outros usos, como instrumento de meditações, desenvolvimento espiritual, ritual e magia.

A magia do Tarô abalou, criou e fortaleceu impérios inteiros. Mostrou caminhos, inimigos, venceu guerras, harmonizou Palácios, sensibilizou corações de Reis valentes e destemidos. Foi estudado por magos, sacerdotes, bruxos, personalidades como Sigmund Freud, Reich, Jung, Osho, etc., exercendo influências

por mais de 2000 anos. Assim são os Sagrados Arcanos do Tarô, uma poderosa ferramenta para o conhecimento, para o autoconhecimento, sendo uma lamparina que se acende na mais profunda escuridão. É um poderoso instrumento para diagnosticar os males do físico, do espírito e o emocional. As cartas podem nos indicar os pontos que estamos superestimando ou subestimando em nossa vida. Temos que aprender a dar o devido valor aos inúmeros aspectos que integram todo o nosso ser. O Tarô permanece ainda hoje como uma fonte de sabedoria para quem possui olhos para ver e ouvidos para escutar sua linguagem silenciosa. São chaves simbólicas onde a função é despertar a psique para novas ideias, conceitos, sentimentos e uma nova consciência espiritual.

Cultura do Povo Cigano

O Idioma

Uma das maneiras de os ciganos se manterem unidos, vivos, com suas tradições preservadas é o idioma universalmente falado por eles, o romani ou rumanez, que é uma linguagem própria e exclusiva.

"É expressamente proibido ensinar o romani para os não-ciganos; e os ciganos fieis às tradições, que prezam sua origem, seus irmãos de raça, que são verdadeiros ciganos, sabem disto.

Portanto, quando alguém que se diz cigano quiser ensinar o romani, geralmente à custa de dinheiro, ou então passar segredos e as íntimas particularidades da vida cigana é bom ter cuidado, pois com certeza, ele ou ela não é um autêntico cigano, obediente aos preceitos e princípios de seu povo. Ele poderá ser até cigano de origem, mas não será mais um cigano de alma e coração capaz de manter a honradez de seus antepassados e contemporâneos autênticos."

Os Ensinamentos

O romani é uma língua ágrafa, ou seja, uma língua ou idioma sem forma escrita. Portanto, para sua perpetuação, o romani conta somente com a transmissão oral de uma geração para outra, de pai para filho. Não existem livros ensinando uma linguagem, que não tem sequer uma apresentação gráfica definida, pois se os ciganos tivessem originado na Índia teríamos os caracteres sânscritos, mas como encontramos ciganos em quase todas as partes do mundo, o romani poderia ter os caracteres da escrita russa, ou egípcia, latina, grega, árabe ou outra qualquer.

Assim como o idioma, todos os demais ensinamentos e conhecimentos da cultura e tradição ciganas dependem exclusivamente da transmissão oral. Os mais velhos ensinam aos mais jovens e às crianças os conhecimentos do passado, o pensamento e a maneira de viver herdados dos ancestrais.

Profissões

Junto com a modernidade, o aumento progressivo das cidades, os ciganos foram ficando cada vez mais limitados em suas andanças, tornando-se mais sedentários ou passando a morar mais tempo no mesmo lugar.

Assim as profissões mais frequentes são as do comércio e as ligadas às artes, principalmente à música. Cantores, compositores, músicos, dançarinos, surgem com suas melodias, passos marcantes de dança, como a flamenca da Espanha, trazendo alegria e energia contagiante para os recintos onde se apresentam.

Ao longo do tempo fizeram e ainda fazem parte de trupes circenses, uma vez que o mundo do circo sempre mudando de lugar, combina perfeitamente com o pensamento e sentimento ciganos.

A leitura de cartas e das mãos pelas mulheres ciganas também rende dinheiro, porém essa atividade não é considerada uma atividade profissional, mas um ato de devoção à fé cigana.

O povo cigano é um povo honesto, que vive procurando manter sua dignidade e honradez, não sendo procedente a reputação de ladrões que lhes é imputada.

O Cris-Romani

Para os ciganos a liberdade e a interação com a natureza constituem bens do mais alto valor e estima, o que os motiva a obedecerem à um código de ética e moral até rigoroso.

Nada mais enganoso que julgá-los estroinas, devassos, desregrados ou amorais. Seu amor pela família e pelo grupo, sua consciência que é o seu reto proceder – talvez a única forma de preservar e perpetuar suas origens e o próprio povo.

São obedientes às leis universais, como não roubar e não matar. Quando um cigano ou uma cigana infringe as leis é convocado o Tribunal de Justiça ou o Cris-romani, formado por ciganos idosos ou pelos mais velhos do grupo, que julgam os infratores, procurando exercer seu papel com o mais alto sentido de responsabilidade e respeito.

O Cris-romani é falado totalmente em romani, e nele somente os homens podem se manifestar. No caso de o infrator ser uma mulher, um homem fala por ela fazendo seus apelos e oferecendo suas explicações ou justificativas.

Tribos ou Clãs

Os Ciganos não gostam e não aceitam a palavra tribo para denominar seus grupos, pois não possuem chefes equivalentes aos caciques das tribos indígenas, nas mãos de quem está o poder.

"Os ciganos também não possuem pajés ou curandeiros, ou ainda um feiticeiro em particular, pois cada cigano e cigana tem seus talentos para a magia, possui dons místicos, sendo, portanto, um feiticeiro em si mesmo. Todo povo cigano se considera portador de virtudes doadas por Deus como patrimônio de berço, cabendo à cada um desenvolver e aprimorar seus dons divinos da melhor e mais adequada maneira.

Existem autores que citam que cada grupo cigano tem seu feiticeiro particular denominado kakú, porém esta palavra no idioma romani significa apenas tio, não tendo qualquer credibilidade esta afirmação.

Os ciganos preferem e acham mais correto o termo clã para denominar seus grupos.

A Família

O comando da família é exercido de maneira completa e responsável pelo homem. Ele é o líder e a ele competem a proteção, a segurança e o sustento da família. A mulher e os filhos o respeitam como máxima autoridade e lhe são inteiramente subordinados.

São os homens que resolvem as pendências, acertam o casamento dos filhos, decidem o destino da viagem e se reúnem em conselhos sobre assuntos abrangentes e comuns ao Clã.

As mulheres ciganas não trabalham fora do lar e quando vão às ruas para ler a sorte, esta tarefa é entendida como um cumprimento de tradições e não como parte do sustento da família, apesar de elas entregarem aos maridos todo o dinheiro conseguido.

Os ciganos formam casais legítimos unidos pelos laços do matrimônio, não fazendo pare de seus costumes viverem amasiados ou aceitarem o concubinato. Vivem juntos geralmente até a morte e raramente ocorrem entre eles separações ou divórcios, que somente acontecem se existir uma razão muitíssimo grave e com decisão do Tribunal reunido para julgar a questão.

Os pares ciganos, marido e mulher, são muito reservados e discretos em público, não trocando nenhum tipo de carinho que possa ser entendido como intimidade, que é vivida somente em absoluta privacidade.

Enquanto o homem representa o esteio e o braço forte da família, a mulher significa o lado terno e de proteção espiritual dos lares ciganos, o que denota o verdadeiro poder feminino e respeito a sabedoria da mulher.

Cabe às mulheres cuidarem das tarefas do lar e as meninas ficam sempre ao redor da mãe, auxiliando nos trabalhos da casa, ajudando a cuidar dos irmãos menores e aprendendo as tradições e costumes como a execução da dança, a leitura das cartas e das mãos, a realização dos rituais e cerimônias, os preceitos religiosos.

Se uma criança ou jovem cigano sai dos eixos, tem um comportamento inadequado ou procede mal, geralmente mulher é responsabilizada por tais feitos.

Os Sábios

Talvez em todo o clã cigano, sejam os idosos os merecedores da mais alta estima e respeito. Eles são vistos e tratados como os detentores da sabedoria, da experiência de vida acumulada e seus conselhos são ouvidos pelos jovens e pelos adultos como sendo a voz do conhecimento aprendido na prática da vida do dia-a-dia.

Responsáveis pela transmissão oral dos ensinamentos e tradições, eles são considerados como sábios, o passado vivo e manda a tradição que os mais jovens lhes beijem as mãos em sinal de respeito. Possuem lugar de destaque nas festividades e cerimônias, atuando também como conselheiros e consultores nos tribunais de justiça.

Eles são cuidados com desvelo e tratados com toda a dignidade pelos demais. Esta forma de tratamento faz com que se mantenham lúcidos até o final de suas vidas, pois nada é mais doentio para uma pessoa idosa de qualquer sociedade do que ser tratada como resto, uma pessoa inútil e sem valor, um fardo ser carregado pelos mais jovens.

As Perseguições

Os ciganos não se esforçam por quebrar as barreiras que os separam dos demais povos, talvez por saberem que se abrirem os limites de seus acampamentos aos gadjês, ou não-ciganos, a mescla dos povos será inevitável, as tradições perderão sua pureza, os costumes, os hábitos, os princípios e os valores serão de tal maneira modificados, que paulatinamente acabariam por destruir e matar o povo cigano.

A Igreja os condenava por práticas ligadas ao sobrenatural, como a leitura das mãos e a cartomancia, a discriminação e o preconceito, que até hoje perseguem este povo, devido aos hábitos diferentes de vida, sobrevivendo sempre à margem da sociedade.

Na Sérvia e na Romênia foram escravos e presos, sendo caçados com muita crueldade, além de sofrerem bárbaros tratamentos. A presença de bandos de ex-militares e mendigos entre os ciganos contribuiu para piorar sua imagem.

Outras lendas contam que foram os ciganos os fabricantes dos pregos que serviram para crucificar Jesus. Por isso, o clima de grande preconceito se revela nas manifestações que diziam ser ciganos descendentes de Caim e, portanto, malditos.

Por conta disso, matanças, torturas e deportações foram praticadas em vários países, principalmente com a consolidação dos estados nacionais, principalmente na Europa, como a Alemanha nazista, na década de 30.

Na época do nazismo, muitos ciganos foram levados aos campos de concentração e exterminados. Calcula-se que meio milhão de ciganos tenha sido eliminado durante o regime nazista.

Atualmente esse povo tão sofrido e, ao mesmo tempo tão alegre, se encontra espalhado por todo o mundo, desde a Índia, África, regiões asiáticas, Europa, América Latina, incluindo o Brasil, onde alguns grupos conservam as populações seminômades, conhecidas por "Ciganos que permaneceram na Pátria" são os Lambadi ou Banjara. Esse povo tão místico sobrevive hoje de artesanato, comércio de tapetes, especiarias e arte difundida em metal. São regados a festas, música, magias e rituais intransferíveis, que auxiliam na perpetuação da sua cultura.

O Povo Cigano na Umbanda

Há uma lenda cigana, passada de geração em geração, que diz que o povo cigano foi guiado por um rei no passado, e que se instalaram em uma cidade da Índia chamada Sind, onde eram muito felizes. Mas em um conflito, os muçulmanos os expulsaram e destruíram toda a cidade. Desde então foram obrigados a vagar de uma nação para outra.

Os Ciganos pertencem a uma linha de trabalhadores espirituais que buscam seu espaço próprio pela força que demonstram na prática da caridade. Contribuem valiosamente no campo do bem-estar social, na saúde e no equilíbrio físico, mental e espiritual. Encontraram na Umbanda um lugar quase ideal para suas práticas, e passaram a se identificar com os toques dos atabaques, com os pontos cantados em sua homenagem e com algumas das oferendas que são entregues à outras Entidades cultuadas pela Umbanda.

São espíritos oriundos de um povo muito rico em histórias e lendas, e tem na sua origem o trabalho com a natureza, a subsistência através do que plantavam e o desapego às coisas materiais.

Na Umbanda seus fundamentos são simples. São cultuados com imagens, taças com sidra, vinho e água, doces finos e frutas.

Trabalham com as energias do Oriente, com cristais, incensos, pedras energéticas, cores, com os quatro sagrados elementos da natureza e se utilizam exclusivamente da magia branca natural, como banhos e chás elaborados com ervas.

São exímios nos domínios do amor e da prosperidade, auxiliando filhos e médiuns em sua elevação na jornada espiritual. Sua padroeira é Santa Sara Kali, a Egípcia.

Santa Sara: A Protetora dos Ciganos

Um fato que chama a atenção para a provável origem indiana do povo cigano, é a santa por quem nutrem o mais devotado amor e respeito, chamada Santa Sara Kali.

Kali é uma divindade conhecida no hinduísmo como uma grande deusa, a expansão da Deusa Mãe. Kali Maa é reverenciada com muita devoção pelo povo hindu. Ela é a Alma Mater, a Sombra da Morte, e uma deusa justa, que não faz distinção entre rico ou pobre, branco ou negro, brâmane ou dhalit. Sua pele é negra tal como Shiva, uma das pessoas do Maha Tatwa, a Trindade Divina Hindu (Brahma, Vishnu e Shiva).

Para os ciganos, Sara, santa venerada, possui a pele negra, daí ser conhecida como Sara Kali, a negra. Ela distribui bênçãos ao povo, patrocina a família, os acampamentos, os alimentos e também tem força destruidora, aniquilando os poderes negativos e os malefícios que possam assolar a nação cigana.

Alguns estudiosos acham a tradução de Kali como à negra não correta, escrevendo inclusive Kali com C (Cali) e não com K e preferem Sara – a cigana, fato que de certa forma pode expressar o preconceito racial (a verdadeira Santa Sara, tinha

a pele negra), uma vez que no povo cigano não há negros, ou sob outro ângulo, desconhecimento de todo o aparato místico e do poder que envolve a deusa Kali dos indianos.

Santa Sara Cali está presente em toda tenda cigana, com sua tradicional veste azul-céu e o rosto negro.

A lenda nos conta que os inimigos do Nazareno, que naquela época não eram poucos, condenaram por diversas artimanhas as três Marias – Maria Madalena, Maria Jacobé (mãe de Tiago menor) e Maria Salomé (mãe de São João). Elas deveriam ser lançadas ao mar, numa barca sem remos ou provisões, acompanhadas tão somente de uma das escravas de José de Arimatéia, Sara, a Cali – "a negra".

Esse barco teria miraculosamente aportado numa praia próxima á foz do rio Petitrhône, onde hoje se encontra a igreja de Saintes Marie de La Mer (Santas Marias Vindas do Mar), um lugar de peregrinação e de culto não só para os ciganos, mas para os franceses também. Esse culto não é para as três Marias, e sim para Sara Cali, que foi quem converteu os ciganos ao cristianismo.

Das Marias, a história não guarda vestígios ou mesmo seus destinos, mas quanto a Sara, dizem que ela foi cuidada pelo povo cigano e o ajudou a tornar-se muito unidos e a desenvolver-se como povo e como cultura. Ensinando ao povo o respeito ao próximo e à família, a união entre os irmãos, às maneiras como as mulheres e os varões deveriam se comportar. Além de dar-lhes as boas novas do Messias, o Cristo.

O Tarô Cigano

Segundo estudos, o Tarô Cigano, tal qual o conhecemos hoje foi atualizado e difundido pelo povo cigano por volta de 1890, baseado em manuscritos deixados por Anne Marrie Adelaide Lenormand, nascida em 1772 e criadora do Tarô Lenormand.

Madame Lenormand ficou famosa por suas previsões no período da revolução francesa, e de outras profecias à alta sociedade (como a queda de Napoleão Bonaparte). Era cartomante, quiromante, astróloga, clarividente entre outros dons.

O Povo Cigano descobriu através das 36 cartas com figuras do dia a dia, a praticidade e eficiência da interpretação, e com o passar do tempo o tarô foi associado à eles, levando assim seu nome. De fato, o Tarô Cigano é uma adaptação do Tarô Lenormand (criado na França no século XIX).

Correu o mundo com o povo nômade, e sua interpretação é psicológica e cósmica.

Este método de revelação do oculto não foi criado para ter suas figuras decoradas. O (a) cartomante deve sempre utilizar suas vibrações espirituais e intuitivas para a interpretação das disposições das lâminas, em busca de responder com eficiência as questões levantadas.

É utilizado também como instrumento de apoio a outros dons (como suporte para sensitivos e videntes), quando houver necessidade de respostas objetivas.

O Tarô Cigano responde as perguntas de forma específica, o que estimula a intuição e o contato com a espiritualidade.

Suas lâminas estão relacionadas com os quatro naipes que constituem a Cartomancia Tradicional. Copas, Ouro, Espada e Paus e correspondem aos quatro elementos alquímicos – água, terra, fogo e ar. Estes elementos representam respectivamente a emoção, a matéria, o espírito e a razão.

Através das cartas, é possível identificar os Orixás e Entidades atuantes na jogada, bem como decifrar as influências vibratórias do consulente, o que facilita no aconselhamento de banhos de energização e descarrego e ferramentas místicas compatíveis com as dos Mentores Espirituais.

Seguiremos agora, os métodos de disposição e descrição de cada carta, lembrando que elas devem ser estudadas e interpretadas, mas objetivamente não há necessidade de serem decoradas, uma vez que cada consulente apresentará uma energia diferente ao tarô, mudando assim, a disposição das cartas e sua leitura. Uma carta está associada à outra na jogada, o que permite uma revelação particular.

Os Naipes

O Tarô Cigano é separado em quatro grupos (elementos da natureza) de nove cartas, através dos naipes, iguais do baralho tradicional. Cada grupo possuí um elemento específico de atuação nas respostas.

Copas, Ouro, Espada e Paus e correspondem aos quatro elementos alquímicos – água, terra, fogo e ar. Estes elementos representam respectivamente a emoção, a matéria, o espírito e a razão.

São quatro atributos, em paralelo aos quatro pilares de Deus na constituição do Universo, e possuem igual valor, comparados um ao outro.

Preservar os elementos da natureza no tarô é uma adaptação cigana para desagregar energias pertinentes ao consulente. Através da vela (indispensável para os atendimentos), se concentram os quatro elementos. A água através da cera, a Terra pelo pavio, o Fogo é a chama e o Ar mantém acesa a chama.

Como os consulentes serão tanto homens quanto mulheres, é necessário compreender um pouco mais de cada naipe, também relativo aos aspectos individuais.

Copas

Naipe ligado ao Elemento Água. Abrange assuntos ligados às emoções, a vida afetiva, ao 'estar'. É a sensibilidade, os amores, os prazeres, os sentimentos profundos, os sonhos, as fantasias, os dons artísticos e psíquicos.

Aspectos masculinos

Luminoso: Sensível, empático, bondoso, fiel às pessoas, sábio, amoroso.

Negativo: Caótico, fanático, demagogo, impaciente, traidor.

Aspectos femininos:

Luminosa: Intuitiva, espontânea, delicada, amorosa, inspiradora, imaginativa, leal, sedutora apenas ao parceiro.

Negativa: Vulgar, destrutiva, mentirosa, fútil, sacrifica as pessoas em benefício próprio.

Paus

Naipe ligado ao Elemento Fogo. Abrange assuntos ligados à criatividade e imaginação. Associasse a espiritualidade, vontade, ao desejo, a motivação, a energia, ao desenvolvimento, a inspiração, o crescimento.

Aspectos masculinos

Luminoso: Homem de negócios, protetor, diplomático, dinâmico, autoconfiante, perseverante, corajoso.

Negativo: Mercenário, sedento de poder a qualquer custo, materialista, insensível, destrutivo, brutal.

Aspectos femininos:

Luminosa: Companheira, bem-disposta, independente, assume riscos, divertida, incentivadora.

Negativa: Dominadora, sádica, maldosa, agressiva, negativista, egoísta.

Ouro

Naipe ligado ao Elemento Terra. Abrange questões de dinheiro e bens materiais. Tudo o que é tangível e adquirido, como concretização material e inteligência prática.

Aspectos masculinos

Luminoso: Provedor, bondoso, exemplar, correto, patriarcal, eficiente, conquistador.

Negativo: Severo, inalcançável, tirano, avarento.

Aspectos femininos:

Luminosa: Nutridora, protetora, fecunda, batalhadora, perdoa e cuida.

Negativa: Usurpadora, possessiva, ambiciosa em demasia.

Espada

Naipe ligado ao Elemento Ar. Abrange os assuntos ligados à mente. É o campo das ideias, do pensar, da ação do Verbo, ao raciocínio teórico, filosófico e intelectual. A maturidade e ao equilíbrio que propiciam os canais para as energias de renovação. É a luta e a busca pela verdade.

Aspectos masculinos

Luminoso: Crítico construtivo, perspicaz, tático, colaborador, humilde, sacerdote, professor.

Negativo: Pretensioso, frio, cínico, arrogante, desencorajador.

Aspectos femininos:

Luminosa: Sacerdotisa, encantadora, inteligente, esforçada, voluntariosa.

Negativa: Calculista, fria, impetuosa, histérica, cínica.

Obs.: *os aspectos luminosos ou negativos se aplicam em vice-versa, de acordo com cada naipe.*

Significado das Cartas

Figuras Representativas

Quem se utiliza deste sistema oracular deve conhecer e estudar o significado simbólico (figurativo) de cada carta, e as possibilidades que cada uma delas oferece, para que então, se possa interpretar como um todo. Levasse sempre em conta a intuição e a sensibilidade, consequência da vibração com a espiritualidade no momento da leitura.

As riquezas dos desenhos auxiliam na comunicação do Plano Espiritual, para que de forma objetiva, possam transmitir os recados e avisos a serem dados.

01. O Cavaleiro [9 de Copas]

É a transformação das energias espirituais em materiais. É o princípio da comunicação e expansão, de idealizações que estão prestes a se concretizar. A abertura para o novo, a ousadia positiva. A busca da sabedoria e a capacidade de mudar o rumo das coisas e não deve recuar mediante as dificuldades.

Negativa: A concretização dos projetos está ameaçada.

Correspondente: **OGUM**.

02. Os Trevos [6 de Ouro]

Desventuras e tropeços, muitas vezes impostos por pensamentos negativos do próprio consulente. É uma situação momentânea, e é preciso que se reflita sobre as atitudes perante a vida. Obstáculos que causam decepções é preciso confiar na espiritualidade para auxílio.

Positiva: Momento de aprendizagem.

03. O Navio [10 de Espada]

Viagens, mudanças, saúde e transmutação. É a capacidade de adaptação a novas realidades, transformação da rotina, regeneração da saúde. Explore novos horizontes em busca de satisfação e transformações em todas as direções e níveis. Pede tranquilidade e segurança nos que se refere às modificações que vêm para o bem. Fique atento a sua intuição. Poderá ocorrer uma viagem.

Negativa: Atraso nas mudanças; Doença ou debilidade física e/ou espiritual.

Correspondente: **IEMANJÁ**.

04. A Casa [Rei de Copas]

Significa o lar, o lugar seguro, o ponto de retorno e de recuperação, onde se está protegido e em equilíbrio. Significa que a pessoa tem um lugar seguro, que a sua reposição de energia ocorre continuamente. A pessoa está protegida das influências negativas externas. Equilíbrio interior, suas medidas de forma harmônica e adequada. Além de o equilíbrio existir, também pode ser alcançado. É a solidez e a estrutura, prosperidade e harmonia cósmica. Sucesso nos negócios.

Negativa: Desequilíbrio emocional, desestabilidade, desarmonia e desentendimentos no lar ou trabalho.

05. A Árvore [7 de Copas]

Conquistas definitivas, prosperidade e fartura. É a clareza de pensamentos e uma fase de realizações. Tudo o que se semear será colhido em abundância. Renovação de energias e vitalidade. Momento de compartilhar atitudes e pensamentos.

Negativa: Quebra do ciclo natural dos acontecimentos, período de privações.

Correspondente: **OXÓSSI**.

06. As Nuvens [Rei de Paus]

A automotivação. Grande poder para lutar e vencer. Dinamismo. A pessoa é altiva, independente e persegue seus objetivos com garra. Os ventos, a movimentação incessante e a capacidade de não se aprisionar (a situações). Possibilidade de mudanças se houver paciência e sabedoria.

Negativa: O duplo significado. Confusão de sentimentos, instabilidade, aborrecimentos. Há nessa carta uma forte sensação de incapacidade em resolver problemas. Tendência a tirar conclusões erradas.

Correspondente: **IANSÃ**.

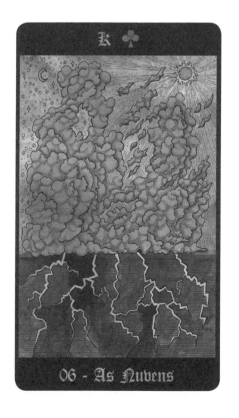

07. A Serpente [Dama de Paus]

Ilusão com promessas de riqueza. Discórdia, intrigas, traições (afetivas, familiares, financeiras ou sociais). Representa a falsidade e a má intenção projetada a alguém. Carta de alerta para possíveis emanações deletérias.

Tentativas intencionais de desestruturar a pessoa. Olhe bem a volta e se afaste de pessoas de caráter duvidoso.

Positiva: Banimento de energias negativas, miasmas e larvas astrais.

Correspondente: **OXUMARÉ**.

08. O Caixão [9 de Ouro]

Fim de um período, um ciclo, que auxiliará na evolução. A carta demonstra que é preciso encontrar novas formas de canalização do potencial. Tanto as mudanças boas quanto as ruins são necessárias para o aprendizado no plano terreno. Desapego de situações anteriores. Encerramento, para o renascimento. Finalização de situações que nada mais podem nos acrescentar.

Negativa: Morte. Forças ocultas que podem levar a destruição. Perdas financeiras. Doenças graves.

09. O Buquê [Dama de Espadas]

Harmonia e entendimento entre as pessoas. Sentimentos reais e verdadeiros que gera oportunidades para todos os envolvidos, quando são percebidos e canalizados. Estado de espírito radiante, que propicia bem-estar e cura. Período de colheita das boas sementes. Fraternidade e contentamento. O amor universal e a capacidade de cultivar o bem em si e nas pessoas.

Negativa: Altruísmo em demasia.

Correspondente: **NANÃ**.

10. A Foice [Valete de Ouro]

As decisões a serem tomadas. As opções a serem feitas. Somos forçados a realizar cortes dolorosos e ajustes para restabelecer o equilíbrio necessário. O plantio foi feito e que é preciso aguardar a colheita, então as coisas que se deseja não virão tão rapidamente, tudo tem seu tempo. Pode se tratar de perda de emprego ou rompimento amoroso, uma vez que possa estar atrapalhando em sua evolução.

Negativa: Seguida da carta *O Caixão*, representa morte. Interrupção do crescimento; doenças que debilitam o emocional e o físico, enfraquecendo a própria fé.

Correspondente: **OBALUAÊ/OMULÚ**.

11. O Chicote [Valete de Paus]

Ausência de calma para resolver problemas, inclinação para causar conflitos. Disputas, problemas espirituais. Influência maléfica na vida da pessoa. Demanda para derrubar as defesas e quebrar a harmonia individual.

Capacidade intuitiva, necessidade de canalizar a força mental. Obstáculos que já foram vencidos. Liderança, potencial energético, força e justiça.

Obs.: Esta é uma carta neutra, e depende das lâminas ao redor para sua interpretação, em sentido positivo ou negativo.

12. Os Pássaros [7 de Ouro]

Lado positivo dos fatos indica que aquilo que a pessoa deseja empreender terá sucesso. Refere-se também ao lado afetivo indicando uma união de amorosa, casamento feliz. O namoro, o romantismo, as pequenas atenções. Carinho. Amor. Desejos amorosos. O pensamento. Sinal de boas notícias chegando. Pede por paciência.

Negativa: Expectativas irreais, ciúme excessivo, desmotivação no relacionamento, angústia e monotonia.

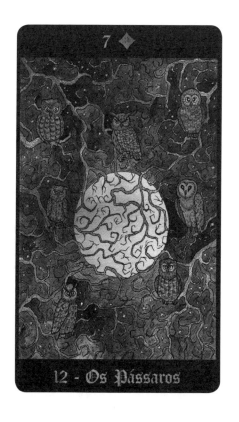

13. A Criança [Valete de Espadas]

Força da infância, a ingenuidade, a pureza e a alegria. Também os filhos que se tem ou se terá. A pessoa tem proteção e deve seguir em frente. É o lado verdadeiro e sincero, disposto a aprender sempre mais. Pessoa de caráter limpo. Boas novas.

Negativa: Representa imaturidade e irresponsabilidade. Preconceito e intolerância. Tristeza, descrédito e falta de esperança no futuro.

Correspondente: **ERÊ/IBEJIS**.

14. A Raposa [9 de Paus]

Agir com cautela em uma determinada situação ou com uma determinada pessoa. Pessoa ardilosa que trama ciladas, mas não demonstra suas intenções. Trabalha silenciosamente. Não se deve revelar segredos e planos para ninguém, pois poderá ser traído(a) por pessoa oportunista com falsas propostas. Carta de aviso de fraude, armadilha, malícia, mentiras. É a carta de estratagema e engano. Significa também emboscada.

Positiva: Esperteza e sagacidade para não se ter prejuízo e perdas. Domínio da situação.

15. O Urso [10 de Paus]

Significa a confiança nas pessoas erradas. A inveja. Pessoas de pavio curto, e que querem obediência aos seus desejos. É o amigo urso, que se faz de grande amigo, e quando pego por suas artimanhas faz papel de coitado e acaba nos convencendo que foi sem intenção. Ciúmes, despeito e toda a sorte de energia negativa gerada em busca de poder. Também simboliza desanimo, decepção, excesso de preocupação ou de responsabilidade. Sentimento que vem da alma.

16. As Estrelas [6 de Copas]

Proteção espiritual; predestinação. Destino. Realização. Inspiração. Carta de sorte. Simboliza luz espiritual. O sucesso está em seu caminho. Seus dons artísticos e de clarividência estão em crescimento. Fé, espiritualidade, canal aberto com o plano espiritual, mediunidade que pode aflorar ou já está aflorada. O plano terreno em harmonia com o celestial.

Negativa: Problemas e inimigos espirituais, obsessões de espíritos desencarnados, auto obsessão (alimentar pensamentos negativos). Pede aqui que a pessoa se volte para Deus e ore mais.

17. A Cegonha [Dama de Copas]

Novidades, surpresas estão por vir, período de fertilidade, renovação em todos os sentidos. Caminhos abertos para novas experiências e prósperos empreendimentos. Pode significar a vinda de um novo emprego, uma mudança de casa, uma mudança no relacionamento.

18. O Cão [10 de Copas]

Simboliza a fidelidade, a parceria honesta, a consulente poderá contar com ajuda de pessoas. É uma carta positiva do naipe de Copas e se refere aos amigos ou alguém que sente por você um verdadeiro sentimento de proteção e carinho. Significa que você tem por perto um amigo/parente verdadeiro. Completamente oposta da Carta 15 – *O Urso*.

19. A Torre [6 de Espadas]

Representa as coisas ocultas na vida da consulente, pessoa muito fechada que não consegue externar seus sentimentos. Pessoa que não quer enxergar os fatos reais da vida, introspectivo. Indica resistência em mudar uma rotina. Indica também fim de relacionamento.

A busca do autoconhecimento e da elevação espiritual.

Situação onde se têm as respostas e é preciso procurar as soluções internamente. Representa a necessidade de desenvolvermos a capacidade de reflexão para restabelecer e os problemas da vida.

20. O Jardim [8 de Espadas]

Representam nosso interior tranquilo, boa vida em família, ou ao lado de amigos, pessoas agradáveis. É quando a vida está calma e tranquila, mas avisa que a pessoa pode estar precisando sair de sua zona de conforto, e enfrentar o mundo lá fora.

Indica que a pessoa pode estar num momento em que precisa de calma para tomar decisões.

O jardim avisa que a pessoa pode contar com a força da natureza para se beneficiar, e recarregar a bateria para uma nova fase.

A carta cigana *O Jardim* é do naipe de Espadas, que por sua vez está ligado aos projetos e às iniciativas e significa também a ação de plantar e colher. Boas sementes geram bons frutos e vice-versa.

21. A Montanha [8 de Paus]

Representa a justiça, a força e principalmente a perseverança. Se agir com sabedoria conseguirá contornar seus obstáculos. Atravessar uma montanha exige equilíbrio, força, perseverança e muita vontade. Este não é um obstáculo simples e representa esforços em uma longa caminhada. As coisas serão consideradas pelo que realmente são.

Negativa: Problemas judiciais, que podem envolver dinheiro, família e/ou bens materiais.

Correspondente: **XANGÔ**.

22. O Caminho [Dama de Ouro]

A carta que traz o benefício da escolha, e demonstra que se tem mais de um caminho a seguir. Qual deles será o mais indicado quando se apresenta a duplicidade de situações, faz parte do seu livre arbítrio. Quer lembrar que foi dado ao consulente o direito de exercer suas próprias escolhas.

Pode significar que se está no rumo certo para realizar os sonhos. Hora de ser feliz e ter a coragem de seguir em frente. A carta *O Caminho* diz que é necessário lidar com as escolhas, encará-las de frente com coragem e seguir adiante.

Correspondente: **EXU**.

23. O Rato [7 de Paus]

Quando essa carta aparece, quer dizer que devemos ter cautela, pois poderá ter prejuízos financeiros. Indica também que alguém pode estar-te vampirizando, sugando suas energias.

Indica saúde frágil, avisa que devemos cuidar da saúde física e emocional. Perdas que podem ser de energia ou materiais, doenças podem advir, estresse, propensão a depressão, vazio interior, ambiente do lar pesado, necessitando de orações e proteção.

Positiva: pode significar também rapidez de raciocínio e conhecimento. Afinal, o rato é um sobrevivente persistente que aprendeu a tirar proveito das situações.

24. O Coração [Valete de Copas]

A paixão, emoções fortes, amor fraternal, solidariedade universal e felicidade estão presentes em sua vida. Esta carta fala da entrega e do amor incondicional. Emoções intensas.

Negativa: Significa o ódio, o rancor e a possessão. Paixões intensas podem gerar desequilíbrio emocional e esta carta também pode representar o cuidado na tomada de decisões precipitadas ou atitudes no calor da hora com os sentimentos à flor da pele.

Correspondente: **OXUM**.

25. A Aliança [Ás de Paus]

Representam às associações, os acordos, casamentos, o elo que iremos formar com outra pessoa. Momento positivo na vida da consulente, pois está em harmonia com as pessoas ao seu redor. No amor indica união feliz. Momento em que a pessoa se encontra em harmonia com a espiritualidade.

Afinidade de personalidade, objetivos, interesses mútuos, auxílio, ajuda, a pessoa não está sozinha, está amparada.

Quando a carta *A Aliança* sai em um jogo ela pode querer dizer que precisamos exercitar a confiança e estarmos dispostos a trocas e partilhas, pois nenhuma aliança dá certo se não houver vontade e atitudes concretas nesta direção.

26. O Livro [10 de Ouro]

Indica que a consulente deverá usar de sabedoria para resolver questões em sua vida. Deverá se aprimorar através dos estudos, ou alguém que já possui uma formação superior.

Representa também as questões judiciais, que a consulente irá enfrentar.

Representa os segredos, algo que ainda não foi revelado.

Busca de sabedoria, conhecimento e reflexão. Estudos, cursos, aprendizado, conhecimento, sabedoria, segredos ou coisas ocultas podem vir à tona.

O Livro ainda pode significar que antes de qualquer outra coisa é preciso focar na mente, no raciocínio e na inteligência. Antes de dar vazão ao coração temos que colocar nossos esforços no intelecto.

27. A Carta [7 de Espadas]

Representa a notícia próxima, o convite, ou algo que alguém irá revelar.

No amor, indica que alguém lhe fará uma proposta/revelação. Sentimentos ocultos por alguém, algo que a consulente ainda não sabe.

Notícias chegando de certa forma, rapidamente, esclarecimento de dúvidas existentes sobre uma situação ainda não muito bem compreendida, comunicação, diálogo, situação nova. Indica seu poder de comunicação. É um aviso para guardar seus segredos, mantenha boca fechada.

Se *A Carta* sair com *A Montanha* significa documentos relacionados à Justiça. Se sair com *As Estrelas* ou *A Lua*, pode significar uma mensagem (sonho ou intuição) relacionada à espiritualidade. Se sair com *O Coração*, pode significar que é preciso expressar os sentimentos ou até mesmo se declarar.

28. O Cigano (O Homem) [Ás de Copas]

Representa a própria pessoa, se o consulente for homem.

Mostra a presença de homens na vida da consulente, com quem ela tem um grau de ligação importante, marido, filho, chefe.

Revela o amadurecimento com que esse homem encara a vida.

Indica também que a consulente conta com o apoio de um homem maduro.

Espiritualmente, revela que um ser iluminado a protege, o positivo, quem direciona, o ativo e racional, representa a energia masculina.

29. A Cigana (A Mulher) [Ás de Espadas]

Representa a própria consulente, as cartas ao redor falam de assuntos que estão ligados a ela. Indica também a presença de uma mulher madura.

Se for homem, indica a presença de alguém relevante em sua vida, mãe, irmã, esposa, amante.

Representa a jovialidade, intuição e mistério ligados ao universo feminino. Representa também a aproximação da mãe, esposa, filha, namorada ou amiga.

Negativo: Significa a falsidade, confusões e fofocas.

30. Os Lírios [Rei de Espadas]

Representam a proteção divina, as forças do bem agindo em favor da consulente.

Significado profundo, porque fala sobre a espiritualidade da pessoa, e as forças do bem que ela atrai para si, indica merecimento, proteção absoluta. No amor indica união formada no plano astral.

Pode estar se referindo a mágoas e ressentimentos numa relação, seja qual for, profissional, sentimental, familiar. Mostra por outro lado, pureza, boa vontade, pessoa esforçada, que dá o seu melhor nas situações. Pessoa fácil de lidar no dia a dia, porque tende para a compreensão dos fatos e pessoas com facilidade.

31. O Sol [Ás de Ouro]

Representa a carta mais positiva do Tarô Cigano trazendo consigo a energia positiva, o crescimento e a força divina. Iluminação, e tudo o que a pessoa fizer de bom, sempre dará certo. Poder espiritual, intelectual e principalmente financeiro. Sucesso, boa energia espiritual, pessoa otimista, agradável de conviver, bons fluidos.

No campo do trabalho indica que a pessoa ocupa cargo de chefia, ou poderá ser promovido.

Negativamente fala de ilusões, aparências, decepções, idealizações infundadas que acabam por trazer frustrações. Nem tudo o que reluz é ouro. Cuidado com a arrogância e com o ego. Correspondente: **OXALÁ**.

32. A Lua [8 de Copas]

Representa intuição, angústias, medos contidos, dúvidas e forças ocultas.

Sua intuição aflorada faz com que se cresça em todas as direções, mas deve ter cautela ao lidar com o desconhecido. Pede discrição em atos e palavras, mais observe do que fale, reserva introspecção, um acontecimento inesperado. Perto da carta *A Cegonha* ou da carta *A Criança*, pode significar uma gravidez inesperada.

Negativa: Representa a ilusão, o conflito de sentimentos, pessoa que tem dificuldades para tomar decisões. Quando a consulente está em conflito, ou está ligada a alguém que não tem clareza de pensamentos. Sofre de perturbações emocionais, ou é muito inseguro.

Em questões amorosas, a pessoa não tem nada decidido.

33. A Chave [8 de Ouro]

Representa o sucesso, é a chave que abre as portas para os dias melhores que estão por vir.

Os caminhos estarão livres de obstáculos, deverá ser decidido e seguir adiante em seus projetos. Favorece mudanças.

Soluções e novos ciclos. A chave sempre abre ou fecha portas e pode estar mostrando o fim ou o começo de algo.

34. Os Peixes [Rei de Ouro]

Representa bens materiais, negócios e multiplicação nos lucros.

Significa grandes lucros e bons negócios, mas, se estiver rodeada por cartas negativas, representa perdas financeiras.

A carta *Os Peixes* do Tarô Cigano pode significar também a materialização de algo e simbolizar intensidade e fartura numa determinada questão.

35. A Âncora [9 de Espadas]

Esta carta do Tarô Cigano representa segurança material e autoconfiança. Para os negócios estabilidade, para o amor sinal de relacionamento sólido, para sua vida momento não favorável a mudanças. Estabilidade, concretização de objetivos, mesmo que isso tenha demorado ou possa demorar a acontecer.

Significa que a consulente cultiva coisas definitivas em sua vida.

Pessoa que faz conquistas materiais duradouras, luta pela segurança, deseja adquirir sucesso, e uma vida financeira estável.

Negativa: tudo ao contrário, por mais que faça sua sensação é a de não estar sendo suprida em suas necessidades ou sonhos, acha que tudo está sendo ou foi em vão. Desânimo. Desmotivação.

36. A Cruz [6 de Paus]

Carta que confirma o sucesso em todos os campos da vida da consulente, e a proteção da espiritualidade, se o sofrimento foi grande, grande também será a vitória. A carta *A Cruz* significa vitória, o ponto de encontro, triunfo, objetivos sendo alcançados e atingidos a partir do sacrifício.

Pode significar aprendizado e glória conquistados pelo sacrifício. A superação das dificuldades através da fé. A vitória após um trabalho árduo, mas sempre com a orientação divina. É o triunfo, pois a alma é eterna e somos centelha divina.

Negativa: Momentos de provações.

Consagração do Tarô

Que todo tarô deve ser manuseado com preceito e responsabilidade, já sabemos. O que muitas pessoas – principalmente as despreparadas para a manipulação – não sabem, é como consagrar de forma correta o baralho/Tarô. Existem algumas etapas simples e de fundamental importância para que seu Tarô Cigano 'tenha o axé necessário para a comunicação através das lâminas', e esteja pronto para o uso.

Existem alguns rumores de que apenas os tarôs 'ganhados' têm a energia necessária para ser aberto a consulentes, o que não é verdade. Obviamente precisamos nos identificar com o tarô, para que então, sejamos iniciados. Este fato não significa que tarôs presenteados não possam ser consagrados e abertos.

Este ritual pode ser utilizado para qualquer tipo de baralho ou Tarô.

Elementos necessários:

- Um tarô completo e virgem (que não tenha sido manipulado anteriormente). Verifique antes de comprar se este não se encontra rasgado ou deteriorado de alguma forma;
- Um incenso doce (rosas por exemplo) ou amadeirado (como cedro, por exemplo);

- Um copo virgem pequeno com água mineral (que será utilizado apenas para a composição da mesa de jogo);
- Um recipiente para vela (que será utilizado apenas para a composição da mesa de jogo);
- Uma toalha para tarô (que pode ser comprada ou fabricada pelo consultor);
- Uma bacia de vidro, madeira ou metal (plástico não pode ser utilizado).
- Um perfume ou óleo essencial de sua preferência.

Durante um período de Lua Nova ou Crescente, após as 18h, em um local aberto, coloque as lâminas dentro da bacia, que deve estar limpa e seca. Coloque o copo com água ao lado, acenda o incenso e a vela. Com o incenso em mãos, gire em sentido horário sobre as cartas e faça a seguinte oração:

Oração de Consagração Cigana

"Santa Sara Kali, que protegestes as Marias, assim protejas meu tarô, instrumento de Vossa paz. Santa Sara Kali, Mãe que veio das Águas, fluidifica meu tarô, instrumento de Vossa comunicação. Santa Sara Kali, Rainha da roda cigana, rege meu tarô, instrumento de Vossa transmutação. Santa Sara Kali, Tu que cobristes tua cabeça com o manto de pureza, purifica meu tarô, instrumento do Vosso perdão. Que as bênçãos romanis caiam sobre mim, abençoem minhas mãos para a caridade, minha boca para a verdade, e meu coração com o fogo Cigano. Optchá! Alupandê!"

Após este momento, pegue carta a carta, e em sinal de cruz, passe o perfume/óleo. Cubra com a toalha para tarôs e deixe no sereno. Só deve ser retirada 24h do ritual.

Peça licença ao Povo Cigano, e guarde seus elementos em local que ninguém mexa, fora de condições climáticas, mofo, crianças e animais domésticos.

Imantação de Objetos

Elementos diversos podem ser utilizados na mesa de abertura. Além dos primordiais, podem-se utilizar leques, runas, moedas, perfumes, bebidas doces, cristais/pedras, lenços, joias, frutas e espelhos.

Para a imantação destes elementos, basta deixa-los no sereno com o copo de água e uma vela, e realizar a oração de consagração.

Preparação: Preceitos para a Consulta

As iniciações posteriores, geralmente seguem parâmetros peculiares, adotados pelos médiuns/oraculadores/consultores, mas sempre seguindo algumas regras básicas. Cada ser tem uma forma única de interpretação, mas é necessário concentração e entendimento, para não transpor as respostas de modo pessoal.

Para a abertura do Tarô é necessário:

- Não ter pressa;
- Não estar conturbado(a) ou emocionalmente abalado(a);
- Não ter tido relação sexual – preceito – por pelo menos 7 horas;

- Abrir em local calmo sem barulhos que possam tirar sua atenção ou ser interrompido(a);
- Imante seu Tarô;
- Utilizar ferramentas de energização SEMPRE (toalha para abertura do tarô e uma vela acesa são primordiais). Elas garantem as boas vibrações e afastam da jogada influências que possam manipular o tarô. Em segmento peculiar o(a) tarólogo(a) pode adicionar incensos, copo com água, terços, espelhos, taças, sinos, imagens e outros materiais para harmonizar a consulta;
- Faça uma oração de sua preferência, pedindo auxílio aos seus guias para ter sabedoria e proteção para a interpretação;
- Seja discreto(a). Os consulentes não devem ter seus nomes expostos, e você não deve repassar a ninguém sobre a vida da pessoa;
- Não utilize as cartas por brincadeira e nem empreste a ninguém.

Elementos para a Consulta

Esta é a mesa primordial de abertura:

- Toalha para abertura do tarô;
- Baralho/Tarô;
- Um copo com água;
- Um pires com uma vela;

O objetivo destes elementos é a proteção do consultor, para que não se contamine com energias deletérias, a proteção do tarô, para que as respostas não sejam influenciadas por vibrações negativas, atrapalhando/confundindo o consultor e limpeza energética do consulente, para que este(a) saia descarregado/a da consulta.

As Disposições

Quando se trata de métodos de aberturas, podemos encontrar dezenas (quiçá centenas) deles, e todos eficientes e válidos. É importante que o(a) oraculador(a) se identifique, pois, é necessário estar em sintonia com o caminho do tarô, para que possa ter segurança e objetividade necessária para lidar com a interpretação da subjetividade.

De métodos simples aos mais complexos, as aberturas possuem significados específicos e fundamentos. Não significa que os mais simples estão em descrédito ou que seja apenas para iniciantes, pelo contrário, na maioria das vezes perguntas complexas são mais facilmente compreendidas através de tiragens simples, seja qual for o tempo de prática.

Perguntas objetivas e bem formuladas são imprescindíveis para a resposta clara. O ser humano tende a "enfeitar" seus questionamentos, e cabe ao cartomante (oraculador, tarólogo etc.) explorar o sentido da pergunta e transpor de maneira simples ao tarô, sempre respeitando a intenção do consulente no sentido da pergunta. Isto também influencia e auxilia na interpretação através do método escolhido.

Com a prática (esta é uma regra: pratique, pratique, pratique!), você pode desenvolver seu próprio método de abertura. Poderá criar técnicas pessoais para cada caso, de modo que sua leitura seja "personalizada".

Não interprete prática como brincadeira. A cada tiragem de cartas você estará reivindicando o auxílio da espiritualidade, por isso, haja de maneira responsável com seus Guias, com o Plano Superior, com o Tarô, com você e com o consulente.

Algumas técnicas: Mesa Real (Grand Tableau), Péladan, Cruzeiro, Taçã, Objetivo (com carta tema), Magia da Lua, Perséfone (aconselhamento exclusivamente amoroso), Vinte cartas, entre dezenas de outros.

Disponho aqui o método mais utilizado na cartomancia: **a mandala**.

Mandala

Dos métodos para a abertura do Tarô Cigano, a Mandala é o mais utilizado, seguido pela Mesa Real (Grand Tableau), por suas casas disponibilizarem segmentos específicos de cada área material, pessoal, emocional, social e espiritual do consulente.

Nesta técnica são disponibilizadas 13 cartas no sentido anti-horário, e cada respectiva casa possui um tema, possibilitando assim a resposta clara e completa sobre a questão abordada.

O Tarô deve ser embaralhado, e o(a) consulente deve "cortar" em três montes. Você deve unir estes montes em um só novamente, iniciando pelo monte central, monte esquerdo e monte direito. A partir da primeira carta, você irá "deitar" as 13 cartas já abertas, ou seja, com suas figuras representativas a mostra.

São as casas:

1. **Momento presente**: Retrata o início da jogada. É o momento do/a consulente organizar seus questionamentos e do oraculador iniciar a interpretação da questão.
2. **Finanças**: Casa da área financeira. Pode revelar dívidas, dinheiro a receber e emprego.
3. **Amigos, irmãos e pequenas viagens**: Como o próprio nome da casa revela, expõe a vida social, parentescos e pequenas mudanças no cotidiano.

4. **Origem e família**: Esta é a posição "de onde vim / para onde vou". É preciso atenção com esta interpretação, pois muitas vezes problemas emocionais são revelados aqui.

5. **Sexo e filhos**: Tudo o que envolve o campo sentimental e afetivo será descrito nesta casa.

6. **Saúde**: Além da saúde em si, esta é a posição da fertilidade. Pode também expor a presença de obsessores espirituais.

7. **Associações, contratos e casamento:** Toda área que houver um novo projeto, será revelado nesta casa. Além da interpretação comum, pode ser analisada diretamente com a casa 2 e a casa 10.

8. **Espiritualidade**: Chamada também de LADO OCULTO, está relacionada diretamente com a coroa mediúnica do/a consulente. Casa reveladora das ditas "demandas deletérias", ou seja, energias densas contra o/a consulente.

9. **Justiça, viagens longas e religião**: Campo de questões judiciais, das mudanças expressivas e da espiritualidade daquele que se consulta.

10. **Reputação, status e méritos**: A casa que deve-se lidar com mais cautela: como a pessoa é vista no meio onde vive e o que de fato ela faz para alcançar seus objetivos.

11. **Futuro**: Basicamente a casa das probabilidades, de como será caso a pessoa permaneça com as mesmas atitudes e como poderá ser caso aprenda a lidar com suas dificuldades.

12. **Inimigos e heranças cármicas**: Conhecida como 'casa trancada', esta é um portal de encaminhamento para as

energias deletérias presentes na mesa. Nela são revelados grandes dissabores, medos, traumas e também a presença de quiumbas e eguns em sua vida.

13. **Síntese (desfecho objetivo da pergunta)**: Aqui se encerra a leitura da mesa, e é o momento que o/a oraculador/a pode realizar leituras paralelas das lâminas já abertas, caso tenha o conhecimento de tal método.

Como se pode ver, a abrangência das casas permite resposta completa, para tudo que envolve a questão.

Como é um método bem abrangente, não se aconselha abrir esta metodologia mais de sete vezes, pela *carga energética* que tal disposição exige de quem realiza a leitura e pela *descarga energética* feita ao consulente através da composição da mesa primordial e dos Mentores de Luz presentes.

Interpretações e o Simbolismo das Cartas

Cada carta é única, assim como cada ser humano, animal, mineral e vegetal. A interpretação do tarô exige disciplina, concentração, comprometimento e respeito ao Divino. Não se pode/deve decorar as cartas, mas estuda-las e treinar.

Os símbolos contidos em cada lâmina auxiliam nas respostas mais diversas, por conterem três elementos básicos: A figura representativa (desenho), os naipes (elementos alquímicos) e a regência de um Orixá na jogada inicial. Exemplo:

Em uma jogada, na casa 13 (síntese) a carta 7 – *A Serpente*, pode significar traição (de acordo com as cartas ao redor). Para outro consulente, pode cair na mesma casa e significar alegria e bem-estar (através da interpretação do naipe – Dama de Paus). Em outra jogada pode significar o Orixá regente Oxumaré.

Confie em sua intuição e analise com cautela todas as cartas antes de uma resposta.

Chacras e o Tarô

O equilíbrio energético pleno requer uma minuciosa e imprescindível manutenção holística (corpo – mente – espírito), para que nossa mediunidade se desenvolva de forma saudável, consciente e espiritual.

Chacras são os centros energéticos existentes no corpo etéreo de um ser vivo.

Além das funções espiritualistas, os Chacras são nosso conjunto de revitalizações constante e diário como um todo, trabalhando na individualidade de cada centro para então, formar uma única e essencial fonte de energia, conectada ao sistema nervoso central. Eles nos garantem através da sua manutenção o bem-estar, auxiliam na autoestima, colaboram para que nosso organismo funcione corretamente, entre outras centenas de benefícios.

Quando se trata especificamente de tarôs, os chacras são abertos para canalizar as respostas mais amplamente, e devem ser controlados durante todo o jogo, pois também dão passagem a energias negativas.

Para que eles se alinhem, você deve passar em suas mãos o perfume/óleo essencial imantado para a abertura, e tocá-los, um a um, mentalizando sua própria energia vital.

Segue a exemplificação e localização dos Chacras:

7º Sahasrara – Coronário (parte superior da cabeça)

6º Ajna – Cavernoso (entre as sobrancelhas)

5º Vishuddha – Faríngeo (garganta)

4º Anahata – Cardíaco (acima do coração)

3º Manipura – Umbilical (centro do plexo solar)

2º Svadhisthana – Esplênico (órgãos reprodutores)

1º Muladhara – Sacral (base da espinha)

Corte do Consultor

As lâminas devem ser embaralhadas pelo menos sete vezes, na mão do oraculador. Enquanto estiver embaralhando, a pergunta deve ser feita, sempre de forma direta, para que ao final a resposta possa ser 'sim' ou 'não'. Não existem meios termos para tarôs.

Após embaralhar, as cartas devem ser postas na frente do consulente, para que então este 'corte' o tarô.

Após o corte do consulente, o consultor deve unir um monte novamente, com a mão direita e realizar a abertura das lâminas na disposição que escolher.

Permita que após a resposta, o consulente tire dúvidas.

Corte do Consulente

Após a pergunta feita e o tarô imantado na pergunta, o consulente deve cortar 3 vezes, formando três montes de cartas, com qualquer mão.

Quando o tarô estiver se abrindo, o consultor deve pedir silêncio e concentração ao consulente.

Ética do Consultor

Assim como fundamentações de religiões de matrizes africanas ou dogmas de outras religiões, as consultas não devem ser 'contadas' a ninguém. Tudo o que se passa na mesa, deve permanecer em segredo entre o consultor e o consulente.

Também não é permitido que nenhum acompanhante (parente ou não) participe da consulta. Muitas vezes além do consulente, o próprio tarô pode 'travar', pois alguém fora da abrangência da mesa primordial está irradiando no jogo.

Dê as respostas de forma firme e educada, e JAMAIS discuta com um consulente em negação. Para respostas de situações delicadas, seja gentil.

Após treino e disciplina, cada consultor pode desenvolver seu próprio método de abertura, interpretação e adicionar mais de um tipo de baralho e ainda mesclá-lo com tarô.

Orixás e Guias

Todos os Guias espirituais atuam em uma linha e energização. De forma bem ordenada, cada um tem seu dia da semana, bem como sua comida e local de atuação fluídica para rituais de oferendas entre outros.

Oxalá

Saudação: Epaô Babá!
Dia da semana: Domingo
Características: Equilibrado, solidário, inteligente, romântico, juiz de si mesmo, não sabe disfarçar as emoções, prestativo e não gosta de ser ajudado em um projeto.
Linha negativa: Tem irritante morosidade, explosivos, se um resultado demora a aparecer ele larga tudo pela metade.
Proteção: Vela branca; Lírio branco, flores brancas ou palma; Incensos de rosas brancas, lírio, arruda, hortelã ou manjericão. Banho de camomila, cravo, arruda, hortelã e boldo.
Carta: 31 – O SOL

Iansã (Oyá)

Saudação: Eparrey Oyá!
Dia da semana: Quarta feira (lembrando que Iansã não rege sozinha nenhum dia)
Características: Defende os inocentes, tem espírito de justiça, guerreira, sensual, arrojada.
Linha negativa: Autoritária, orgulhosa, tem dificuldade em perdoar, temperamento explosivo, muda de humor com frequência se magoada por se tornar vingativa.
Proteção: Vela azul escura ou amarela; Espada de Santa Bárbara, Rosa Branca ou Vermelha. Banho de gerânio cor de rosa, canela em pau, casca de maçã, coentro manjericão, sidra branca.
Carta: 06 – AS NUVENS

Ogum

Saudação: Ogunhê / Patacori Ogum!!!
Dia da semana: Quinta feira
Características: Corajoso, autoconfiante, coerente, vaidoso, passional.
Linha negativa: Impaciente, possessivo, pode se tornar agressivo ou briguento.
Proteção: Vela vermelha ou branca; Espada ou Lança de São Jorge, Cravo vermelho, Quebra Demanda. Banho de pata de vaca, espada de são Jorge, carqueja.
Carta: 01 – O CAVALEIRO

Iemanjá

Saudação: Odoyá!!
Dia da semana: Sexta feira / Sábado
Características: Amorosa, voluntariosa, protetora, rigorosa.
Linha negativa: Pode se tornar impetuosa, traidora e arrogante quando magoada.
Proteção: Vela azul clara, branca. Rosas brancas, lírios brancos, palmas brancas, copo de leite, amor perfeito. Banho de alfazema, pétalas de rosa branca, pata de vaca.
Carta: 35 – A ÂNCORA

Oxóssi

Saudação: Okê Arô Oxóssi!!! (Caboclos)
Dia da semana: Quinta-feira
Características: Persistente, emotivo, intuitivo, amigo fiel, preocupa-se com o amanhã, pensa antes de agir.
Linha negativa: Desconfiado, possessivo, quando bravo vai à ignorância.
Proteção: Vela verde e branca. Folhagens diversas. Banho de ervas (todas).
Carta: 05 – A ÁRVORE

Oxum

Saudação: Ora Yê Yêo!!!
Dia da semana: Sábado
Características: Vaidosa, elegante, reservada, zela por aqueles que gosta, temperamento forte, desejo de ascensão social, reservada.
Linha negativa: Pode se tornar rabugenta quando não atinge seus objetivos, controladora e pode ser traidora quando magoada.
Proteção: Vela amarela, dourada, rosa ou azul. Lírios amarelos, rosas brancas ou amarelas. Banho de erva cidreira, canela, mel, camomila e calêndula.
Carta: 24 – O CORAÇÃO

Xangô

Saudação: Kaô Kabecilê!!!
Dia da semana: Quarta-feira
Características: Tem senso de justiça, inflexível para o bem e sabe o que quer, galanteadores, batalhadores.
Linha negativa: Irredutível, ciumento, precipitado, pode se tornar violento e traidor, egocêntrico.
Proteção: Vela marrom ou branca. Quebra pedra, Erva Lírio, Erva Moura, Folhas de café. Banho de cravo da índia, alfavaca, folhas de mangueira.
Carta: 21 – A MONTANHA

Obaluaê / Omulú

Saudação: Atotô!!!
Dia da semana: Segunda-feira
Características: Odeiam fofocas e prezam pelas amizades verdadeiras. São diretos, independentes e lutam para crescer na vida em geral, e sempre que possível auxiliam outros na realização dos objetivos.
Linha negativa: Não levam desaforos para casa, são secos, diretos e insensíveis. Quando desvirtuados, são extremamente egoístas.
Proteção: Vela branca e preta, folhas de milho, barba de velho, sabugueiro, musgo, manjerona, mamona. Banho de pipoca estourada (banho seco).
Carta: 10 – A FOICE

Oxumaré

Saudação: Arroboboi!!!
Dia da semana: Terça-feira
Características: Nunca se negam a ajudar quando alguém realmente precisa deles. São pessoas de temperamento fácil de lidar.
Linha negativa: Passam por muitas dificuldades por serem miseráveis e mesquinhas, perversos, falsos e perigosos fisicamente.
Proteção: Vela alaranjada/colorida. Banho: folhas de abacateiro, folhas de maracujá, cavalinha, malva-risco, cavalinha.
Carta: 07 – A SERPENTE

Nanã

Saudação: Saluba!!!
Dia da semana: Sábado
Características: Seus filhos são conservadores e presos aos padrões convencionais estabelecidos pelos homens. Passam aos outros a aparência de serem calmos, compreensivos e amorosos.
Linha negativa: Levam seu ponto de vista às últimas consequências, tornando-se teimosos. Quando mãe, são apegadas aos filhos e muito protetoras. São ciumentas e possessivas. Exigem atenção e respeito, são pouco alegres e não gostam de muita brincadeira.
Proteção: Vela roxa. Banho: avenca, alfavaca, folhas de ipê roxo, manjericão roxo, folha do pinhão roxo.
Carta: 30 – OS LÍRIOS

Erês

Saudação: Oni Beijada!!!
Dia da semana: Domingo
Proteção: Vela rosa e azul, mingau, caruru e doces em geral.
Carta: 13 – A CRIANÇA

Exus/Ciganos

Saudação: Laroyê!
Dia da semana: Segunda-feira
Proteção: Vela preta e vermelha, farofa amarela, pimenta, charuto e cachaça.
Carta: 28 – O HOMEM

Pombogiras/Ciganas

Saudação: Laroyê!
Dia da semana: Segunda-feira
Proteção: Vela preta e vermelha, farofa amarela, rosas vermelhas, cigarrilhas finas, perfumes e joias.
Carta: 29 – A MULHER

A Segunda-feira pertence à LINHA DAS ALMAS (YORIMÁ) – OBALUAÊ / OMULÚ (Pretas e Pretos-Velhos, bem como aos Exus e Pomba-giras).

Certifique-se antes de qualquer conselho, o que o TARÔ determina. Não tome iniciativa pessoal sem consultar o Tarô Cigano. Ele é o instrumento capaz de auxiliar através dos Guias Espirituais, por isso, sempre deixe claro que todas as questões descritas são por intermédio do Tarô Cigano.

Pedras, Ervas e Banhos

As Pedras

As pedras têm o poder de receber e transmitir energia, por isso vem sendo utilizadas pelas mais diferentes civilizações desde a antiguidade até os dias de hoje para curar, para proteção, para transmutar vibrações, para meditação, entre muitas outras coisas. Elas possuem vibrações variadas de luz e som e no xamanismo norte americano são chamadas de Seres Pedra, pois são detentores dos registros da Mãe-Terra. As pedras possuem um espírito, um talento e um poder específico. Amplificam pensamentos, expandem a consciência, auxiliam nos processos de cura e protegem de energias negativas.

Na nossa Umbanda as pedras têm ligação com os Orixás e são colocadas nos altares, utilizadas na confecção de guias, instrumentos em trabalhos de energização e cura e até utilizadas pelos Guias Espirituais em seus trabalhos. Nada melhor do que agora conhecermos algumas dessas pedras e os benefícios que elas podem nos trazer, não é mesmo? Então vamos lá:

- *AMETISTA:* para meditação, tranquilizar os pensamentos, acalmar e trazer a paz. Ensinar humildade abrindo a mente para vibrações superiores.
- *ÂMBAR:* é uma resina fossilizada. Para depressão, dores corporais, melhora o humor, protege crianças. Deve ser sempre limpo após o uso.
- *ABALONE:* é uma concha. Utilizar na cerimônia de purificação e limpeza, representando o elemento água.
- *ÁGUA-MARINHA:* harmonizam ambientes, desbloqueia a comunicação, reduz o stress, estabelece ligação com a natureza, alegria nos relacionamentos.
- *AMAZONITA:* reforça qualidades masculinas, acalma o sistema nervoso.
- *CORNALINA:* conexão com a energia da Terra traz segurança, abre caminho para o novo, aumenta a motivação, estimula pensamentos.
- *CRISOCOLA:* é a pedra dos terapeutas holísticos. Alivia os medos, para parturientes, atenua as tristezas e raivas, equilibra emoções.
- *CRISOPRÁSIO:* Introspecção. Abrem para novas situações, problemas mentais, acalma, torna as pessoas menos egoístas.
- *QUARTZO:* reflete a pureza. É um coringa, usado para cura, para ampliação dos poderes xamânicos, é o mais utilizado nas suas diversas formas.
- *QUARTZO AZUL:* aumenta o conhecimento sobre a espiritualidade.

- *QUARTZO ROSA:* é a pedra do amor incondicional. Acalma as mágoas, equilibra emoções, atrai o perdão, o amor próprio, auxilia nos traumas de infância.
- *QUARTZO FUMÊ:* purifica chacra o básico. Aumenta a esperança, trabalha a aceitação, o desapego.
- *QUARTZO VERDE:* para a cura física (principalmente para o coração). Traz prosperidade. É conhecido também como aventurina.
- *CITRINO:* liga-se com o Sol. Criatividade dissipa emoções negativas, clarifica pensamentos, estimula a consciência cósmica.
- *ESMERALDA:* para equilíbrio físico, emocional e mental. Para sabedoria, aumenta a capacidade psíquica, reforça a imunidade, traz renascimento. Não se aconselha a usar com outras pedras.
- *GRANADA:* informações de vidas passadas, paciência, amor e compaixão, coragem. Limpa pensamentos impuros.
- *LÁPIS-LAZÚLI:* Para clarividência, intuição. Relaciona-se com a mente, paz, espiritualidade, iluminação, amplia o poder pessoal.
- *MALAQUITA:* A preferida dos xamãs da África. É a pedra de cura. Para proteção, para as crianças dormirem em paz, relaxamento.
- *OBSIDIANA:* ajuda a esquecer de amores antigos, aguça as visões, ajuda a liberar raiva, ensina o desapego. Deve-se conhecer bem a pedra antes de usá-la.

- *PEDRA-DA-LUA:* desperta o lado feminino, sensibilidade, conecta-se com o subconsciente, acalma as emoções, traz paz de espírito.
- *SODALITA:* Para mudança de atitudes, equilibra o metabolismo, compreensão intelectual, equilíbrio yin e yang, fortalece a comunicação, desperta a terceira visão.
- *TURMALINA NEGRA:* repele energias negativas.
- *FENACITA:* trabalha com os chacras superiores. Conecta-se com energias angélicas.
- *MOLDAVITA:* harmonização com o Eu Superior, ajuda a dar "ground" equilibrando corpo e mente.

Todas as pedras devem ser limpas e energizadas após o uso. Para fazer a limpeza coloque-as em um recipiente com água e sal grosso por algumas horas e para fazer a energização coloque-as, ao menos pelo mesmo tempo em que ficaram no sal grosso, em água corrente ou recebendo as energias do sol, da chuva, de plantas. Pedras pretas, ou pedras da noite, devem ser energizadas na terra ou à luz da lua.

Ervas

Banho de ervas não é exclusividade nos terreiros de Umbanda e Candomblé, de modo geral, temos banhos de todos os tipos ligados a diversas visões religiosas.

A troca de energia com os elementos da natureza é feita a todo o momento, mas num mundo tão urbanizado, lançar mão deste recurso pode ser um atalho e um método fortificador de se alcançar algum equilíbrio.

Existem vários tipos de conhecimentos, portanto, banhos diversos, que devem ser feitos sob orientações corretas e cada um para sua finalidade específica. Os mais comuns são o banho de descarrego, banho de proteção ou defesa, banho de energização ou re-energização.

É claro que os nomes variam de lugar para outro em que se busca, mas o mais importante continua sendo a finalidade verdadeira e a intenção no coração de quem toma os banhos de ervas.

O banho de descarrego costuma ser o mais procurado e o primeiro a ser tomado. É, essencialmente, um banho de limpeza espiritual e, assim como um banho comum, leva consigo a sujeira, mas também os elementos benéficos, e não descarrega apenas as energias negativas.

O banho de energização convém para aqueles que tiveram a necessidade de um descarrego mais poderoso e poderia ser chamado de "banho de recarrego", já que sua função é reestabelecer as energias positivas que foram embora no descarrego ou pelo simples desgaste cotidiano. Seria comparável a passar um hidratante após o banho, pois os óleos naturais e benéficos à pele se foram junto com a sujeira.

O banho de proteção tem, obviamente, o propósito de manter os chacras protegidos após a limpeza, é semelhante a usar um protetor solar para sair pelas ruas, pois estaremos expostos, novamente, a todo tipo de impureza.

Banhos

Estas são ervas universais para banhos. Adultos e crianças podem tomar, sempre do pescoço para baixo.

Para a preparação, as ervas devem estar frescas, e não devem ser fervidas.

- *Alecrim:* Usada para atrair prosperidade e abertura de caminhos, também destrói larvas astrais e afasta a tristeza.
- *Aroeira:* Usada para descarrego e para remover toda negatividade.
- *Arruda:* Erva de grande poder. Desagrega fluidos negativos, destrói as larvas astrais e o acúmulo energético proveniente da repetição de pensamentos negativos emitidos pela pessoa que toma o banho, bem como pelas entidades do baixo astral.
- *Alfazema:* Equilibra nossas energias, traz paz e harmonia, e ajuda na limpeza e purificação do ambiente.
- *Anis estrelado:* Usada para chamar dinheiro, melhorar a autoestima e abrir os caminhos amorosos. Também potencializa boas amizades, paz e triunfo quando usada na forma defumada em conjunto com outros ingredientes.
- *Comigo-ninguém-pode:* Usada para defesa.
- *Espada-de-são-jorge:* Usada para proteção.
- *Elevante:* Funciona para abrir caminhos, recuperar energias e dar ânimo. Quando usada em conjunto com o alecrim, traz clientes e atrai dinheiro.
- *Folhas de eucalipto:* Usadas para limpar energias que um médium vai atrair para fortificar o espírito.
- *Guiné:* Facilita a comunicação com os bons espíritos, desagrega formas e pensamentos de baixa vibração,

transmite boas energias, elimina o cansaço e a indisposição e combate as obsessões de natureza sexual.

- *Losna (absinto):* Usada em banhos de limpeza e descarrego. Em banho, é desagregadora de fluidos negativos. Defumada, afasta influências negativas.

Orações

Oração da Energização

Vem Espírito do bem, me envolve, lança seus raios de bondade, cubra-me com tua proteção.

Reabastece minhas energias, fazendo-me compreensão, elevando sempre meu coração ao ápice da bondade.

Que eu sempre saiba perdoar, esquecendo mágoas, lavando a alma, sendo somente o amor que se dá.

Vem Espírito superior, carrega-me em teus braços, dai-me a força que preciso para continuar o que vim fazer, e nunca me esquecer dos teus ensinamentos. Perdida no mar da minha infantilidade como humana. Aprendiz de um tempo.

Oh... Espírito benfazejo, sopra em minha direção, que minha criança interior, nunca se acovarde, nem adormeça em meu coração, pois dela preciso para espalhar a alegria, o otimismo de uma encarnação.

Apagam de minha mente as decepções de coisas que não conhecia, o mal que não sabia que tão forte existia, o ódio, o amor não acreditando no êxito da ruindade.

Pois todos ao serem filhos de um Deus levam o amor no coração, e não deveriam se perder na escuridão. Que eu possa

direcionar teu amor para esses corações em forma de elos preciosos dados por ti.

Vem espírito da brandura, me circula, me faz cura, lava meu interior, e que nele nasça a flor da tua humildade, para que eu possa espalhar a suavidade, o conforto de uma palavra amiga, a honestidade de um existir, até quando eu deva partir, para me embaralhar de volta nos teus cabelos, sendo uma partícula de tua elevação.

Que se faça cura, energizando meu ser.

Oração da Cura

Senhor dos Mundos, Excelso Criador de todas as coisas.

Venho à Tua soberana presença neste momento, para suplicar ajuda aos que estão sofrendo por doenças do corpo ou da mente.

Sabemos que as enfermidades nos favorecem momentos de reflexão, e de uma aproximação maior de Ti, pelos caminhos da dor e do silêncio.

Mas apelamos para tua misericórdia e pedimos: Estende Tua luminosa mão sobre os que se encontram doentes, sofrendo limitações, dores e incertezas.

Faz a fé e a confiança brotarem fortes em seus corações. Alivia suas dores e dá-lhes calma e paz.

Cura suas almas para que os corpos também se restabeleçam.

Dá-lhes alívio, consolação e acende a luz da esperança em seus corações, para que, amparados pela fé e a esperança, possam desenvolver o amor universal, porque esse é o caminho da felicidade e do bem-estar... é o caminho que nos leva a Ti.

Que a Tua paz esteja com todos nós.

Oração da Prosperidade

Sou um Ímã que atrai riqueza. Todas as formas de prosperidade chegam a mim.

Mereço as melhores coisas da vida. Onde quer que eu trabalhe, sou profundamente admirado e bem-remunerado.

Hoje é um dia maravilhoso. O dinheiro chega a mim tanto de maneiras previstas como inesperadas. Tenho escolhas ilimitadas. As oportunidades estão por toda parte.

Acredito que estamos aqui para nos abençoarmos e nos ajudarmos a prosperar. Esta crença se reflete em todos os meus atos. Ajudo os outros a se tornarem prósperos e a Vida me devolve esta ajuda de formas extraordinárias.

Amo o trabalho que faço e sou bem-remunerado por ele.

Sinto prazer em lidar com o dinheiro que ganho. Poupo uma parte e desfruto do restante.

Vivo num Universo de amor, abundância e harmonia, e sou grato por isso.

Assumo o compromisso de me abrir para a prosperidade ilimitada que existe em toda parte.

Uso o dinheiro que ganho em coisas que me fazem feliz. Permito que a maior prosperidade possível permaneça em minha vida.

Irradio sucesso e prosperidade onde quer que eu esteja, sempre.

A Vida satisfaz todas as minhas necessidades com grande abundância. Eu confio na Vida. A Lei da Atração só traz coisas boas para a minha vida.

Mudo os pensamentos de pobreza em pensamentos de prosperidade, e as minhas finanças refletem essa mudança.

Alegro-me com a segurança financeira que é uma constante em minha vida.

Quanto mais sinto gratidão pela riqueza e abundância em minha vida, mais motivos descubro para agradecer.

Expresso gratidão por todo o bem que há em minha vida. Cada dia traz novas e maravilhosas surpresas.

Pago minhas contas com amor e me alegro ao preencher cada cheque. A abundância flui livremente através de mim. Neste exato momento, há muita riqueza e poder ao meu dispor. Sinto que mereço essa dádiva. Mereço o melhor e aceito o melhor agora.

Liberto-me de toda resistência ao dinheiro e permito que ele flua alegremente para minha vida. Sou um Imã que atrai muito dinheiro SEMPRE.

O meu bem chega de todas as partes e de todos.

Sou um excelente Recebedor, estou aberto e propenso a receber grandes quantidades de dinheiro.

Aceito todas as Bênçãos que o universo disponibilizará em minha vida, hoje e sempre. A Vida satisfaz todas as minhas necessidades com grande abundância.

Confio na Vida. Mereço tudo que é bom, nem uma parte, nem um pouquinho, mas tudo que é bom!

Sou Grato Por tudo de bom que a vida tem me oferecido e minhas atitudes refletem essa gratidão.

Hoje inicia-se em minha vida o período mais abundante que já presenciei em toda a minha existência.

Agradeço pelas minhas novas escolhas, Obrigada/o Universo, obrigada/o prosperidade e obrigada/o.

Considerações Finais

Lembre-se que nenhum tipo de Tarô deve ser usado com o intuito de prejudicar pessoas, seres, empresas ou denegrir quem quer que seja. Este é um meio confiável e milenar de autoconhecimento. Todos nós devemos respeitos aos Guias Espirituais utilizados no Tarô. Quando houver dúvidas, não passe informações erradas; use de sinceridade e busque a melhor forma de ajudar.

Não se esqueça de que a esfera física também se sobrecarrega pela manipulação do oculto. Faça sempre que possível (ou necessário) seu BANHO DE ENERGIZAÇÃO.

Confie em sua intuição mediante as cartas. O que você sente perante elas é a comunicação dos Guias através de você. Seja verdadeiro(a) com o consulente, e não tente de modo nenhum ludibriar as respostas. Ele(a) está perante um(a) cartomante para obter conhecimento através das lâminas, e deve sair sem dúvidas.

Tenha em sua mente que o espiritual é um pronto-socorro, por isso ajude e aconselhe sempre que possível, assim estará praticando seu dever: A CARIDADE.

Desejo que todas as vibrações positivas do cosmo estejam hoje e sempre com você, lhe auxiliando na mediunidade para

proporcionar conforto aos demais, e no plano físico, lhe dando energia e realização!

Axé!

Karol Souza
A Autora / Terapeuta Holística

Bibliografia

BARBOSA JÚNIOR, Ademir. *Tarô de Marselha: manual prático.* São Paulo: Anúbis, 2015. 1ª ed.

BARBOSA JÚNIOR, Ademir. *Tarô dos Orixás.* São Paulo: Anúbis, 2015. 1ª ed.

CONVER, Nicolas. *O Antigo Tarô de Marselha.* São Paulo: Editora Pensamento, 2013. 3ª ed.

FERNANDES, Patrícia. *Desvendado o Tarô: estudo comparado dos tarôs e o baralho cigano.* Rio de Janeiro: Pallas, 2003. 3ª ed.

FRANÇOISE, Dicta e. *Mitos e Tarôs: A viagem do Mago.* (Título original: Mythes et Tarots: Le Voyage du Bateleur.) São Paulo: Editora Pensamento, 1992. 2ª ed.

KAPLAN, Stuart R. *El Tarot.* Barcelona: Plaza e Janes Editores, 1993. 6ª ed.

MARTINEZ, Margarita Fasanella. *Cartas Ciganas: A Estrada da Vida. O poder alquímico de transformar nossa vida pela percepção do mundo interior.* São Paulo: Editora Pensamento, 2005. 4ª ed.

RIVAS NETO, F. *Umbanda: O Arcano dos 7 Orixás: obra mediúnica ilustrada contendo mapas, tabelas e ilustrações.* São Paulo: Ícone, 1993.

SIMON, Sylvie; PICARD, Marcel. *A Linguagem Secreta do Tarô*. (Título original: Le Lamgage Secret du Tarot – 1982). São Paulo: Editora Pensamento, 1993. 2ª ed.

Sítios da Internet

https://ascartasciganas.blogspot.com.br
https://cartasedestino.blogspot.com.br
http://ciganosopovoqueveiodooriente.blogspot.com.br/
http://magiamisterios.blogspot.com.br/
http://misteriosdacigana.com.br/
http://tarotoraculomilenar.blogspot.com.br
http://tarotzenreiki.blogspot.com.br
http://www.astrocentro.com.br/
http://www.clubedotaro.com.br/
http://www.luzdivinadooriente.com.br/
http://www.taroterapia.com.br/